Pavla Hanáčková & Linh Dao

Warum Nilpferde nie allein sind

Außergewöhnliche FREUNDSCHAFTEN in der NATUR

LOEWE

Inhalt

ALLE AN EINEM STRANG

Zwei sind besser als einer – und das stimmt wirklich! Kein Wunder, dass viele Pflanzen und Tiere eine Möglichkeit gefunden haben, sich gegenseitig zu helfen. Dafür gibt es unzählige Beispiele im Meer, auf dem Festland und sogar unter der Erde!

Wir helfen uns

DAS KANN ICH BESSER ALS DU

Hast du dich schon einmal gewundert, warum auf dem Rücken eines Zebras immer kleine Vögel sitzen? Warum giftige Seeanemonen ihren Fisch-Freunden nichts tun? Und warum Haie die kleinen Fische, die um sie herumschwimmen, nicht fressen? Das liegt daran, dass sie eine **für beide Seiten vorteilhafte Beziehung** führen und sich gegenseitig helfen! ◄

ICH FREUE MICH ÜBER DEINE HILFE

Für einige Tiere ist diese Art von Hilfe ein Vorteil, aber nicht unbedingt notwendig. Einsiedlerkrebse zum Beispiel tragen gern einen Mitbewohner auf dem Rücken – eine Seeanemone. Die Seeanemone ist eine Art Leibwächter, der Räuber abschreckt, die aus dem Krebs ihr Abendessen machen wollen. Einsiedlerkrebse kommen aber auch ohne die Hilfe von Seeanemonen zurecht. So eine Beziehung nennt man **Symbiose**. ►

EIN UNZERTRENNLICHES PAAR

Im Gegensatz dazu sind andere Tiere auf Hilfe angewiesen. Zu dieser Art von Freundschaft gehört zum Beispiel das Verhältnis zwischen Pflanzen und ihren Bestäubern. Ohne Bienen, Käfer und verschiedene andere kleine Helfer würden Pflanzen gar nicht wachsen können! Diese Art der Wechselbeziehung nennt man **Mutualismus**. ▼

WIR SIND EIN TOLLES TEAM!

Bestäuber & Pflanzen

ZEIG MIR, WO ICH HONIG FINDE!

FREUNDSCHAFT BEISEITE

Aber nicht alle Tiere tun sich zusammen, um sich gegenseitig zu helfen. Ganz im Gegenteil – einige Tiere denken nur an sich und wollen alles Gute aus einer Beziehung für sich selbst behalten! Dabei verletzen sie ihren Partner häufig, wie das zum Beispiel bei Zecken und Stechmücken der Fall ist. Stärkere Tiere nutzen ihre Kraft, um schwächere Arten zu jagen – ein Löwe sagt bestimmt nicht Nein, wenn man ihm eine Gazelle zum Abendessen anbietet. ▼

ZUSAMMEN SIND WIR STARK

Es ist schön, wenn man einen Partner hat, auf den man sich verlassen kann. Zusammenarbeit hat viele Vorteile, weil es dann einfacher ist, Futter zu suchen oder sich vor Räubern zu schützen. Einige dieser Tricks haben auch die Menschen gelernt – Honigsammler in Afrika zum Beispiel werden von einem kleinen Vogel namens Honiganzeiger zu den süßen Waben geführt. Diese Art der Beziehung nennt man **Kooperation**. ◄

ZEBRAS & MADENHACKER

HAUTARZT FÜR TIERE

In den Savannen Afrikas leben viele Arten von Huftieren, die Gras fressen. Und es gibt jede Menge Raubwild, sodass die anderen Tiere immer auf der Hut sein müssen. Kein Wunder, dass viele von ihnen so großartige Läufer sind! Um den Fleischfressern zu entkommen, müssen sie sehr, sehr schnell rennen können. Und wenn sie dann einmal einen Moment der Ruhe haben, genießen sie es, wenn da jemand ist, der sie ein bisschen verwöhnt und wieder in Form bringt.

MADENHACKER

Menschen gehen zu einem Hautarzt, wenn sie eine unangenehme Hautkrankheit haben. Tiere in den Savannen Afrikas haben auch so einen Arzt – und es besteht eine rege Nachfrage nach ihm! Es ist kein anderer als ein kleiner Vogel namens **Madenhacker**. ▼

MADENHACKER

Schönheitssalon

STEPPENZEBRA

Wenn diese gestreiften Schönheiten sich von ihrer besten Seite zeigen wollen, nutzen sie die Dienste der Madenhacker, die alle lästigen Insekten aus ihrem Fell picken. Das hat einen unbestreitbaren Vorteil – die herausgepickten Parasiten schmecken hervorragend! ▶

PRAKTISCHER SCHNABEL

Der charakteristische Schnabel ist ein großartiges Werkzeug zur Pflege aller möglichen Tierfelle. Damit können Madenhacker das Fell innerhalb kurzer Zeit kämmen und sauber machen. Sie haben zwar keine richtigen Schönheitssalons, halten sich aber immer in der Nähe von Tierherden auf und stehen ihren Kunden daher rund um die Uhr zur Verfügung. ◀

Schnabel eines Madenhackers

LISTIGER MADENHACKER

Doch Achtung, lass dich von dem niedlichen Aussehen eines Madenhackers nicht täuschen! Wenn ein Zebra eine offene Wunde hat, wühlt der Madenhacker mit seinem scharfen Schnabel darin herum und trinkt das Blut. Er kann auch in das Ohr eines Zebras kriechen, um Ohrenschmalz und Zecken zu erreichen! ▶

SO EIN GUTER ARZT!

BUNT GEMISCHTE KUNDSCHAFT

Nicht nur Zebras nutzen die Dienste des Madenhackers – zu seinen Kunden gehören auch **Giraffen**, **Büffel**, **Nashörner** und **Flusspferde**. Alle stehen vollkommen regungslos da, damit sie ihn nicht bei der Arbeit stören. Was für vorbildliche Patienten! ▼

DER NÄCHSTE BITTE!

ICH BLEIBE, WO ICH BIN

Da Madenhacker kräftige Beine haben, können sie sich auf der Haut der Tiere, bei denen sie nach Futter suchen, festhalten. Das schaffen sie sogar auf der glitschigen Haut eines Flusspferds! ▶

FLUSSPFERDE & FISCHE

UNTERWASSERWASCHMASCHINE

Flusspferde leben in Gebieten mit viel Wasser – sie verbringen eine Menge Zeit darin und kommen nur selten an Land. Tagsüber sonnen sie sich, Gras fressen sie nur nachts. Wenn sie vom Nassen aufs Trockene wechseln, heften sich häufig ungebetene Besucher an ihre Haut. Flusspferde sind von mehreren Helfern umgeben, die einen kompletten Reinigungsservice anbieten.

TAXISERVICE

Manchmal werden aus Flusspferden Taxifahrer. Wenn sie sich durch das Wasser bewegen, nehmen sie verschiedene Tiere mit, zum Beispiel **Reiher** oder **Schildkröten**. Warum soll man sich unnötig anstrengen, wenn man so eine schöne Mitfahrgelegenheit bekommen kann? ▼

DANKE FÜRS MITNEHMEN.

SCHWIMMMEISTER

Flusspferde sind nicht gerade Leichtgewichte (sie können bis zu drei Tonnen wiegen), aber hervorragende Schwimmer. Sie können sogar auf dem Grund eines Flusses gehen und zehn Minuten unter Wasser bleiben, ohne Luft holen zu müssen. Für Baby-Flusspferde ist Schwimmunterricht ein Klacks. ▼

LABEO-ZAHNARZT

Die Fische der Gattung Labeo arbeiten so gründlich, dass sie nicht einmal das Maul des Flusspferds auslassen. Sie schwimmen zwischen den gewaltigen Zähnen hindurch, um auch die Zunge und die gesamte Mundhöhle zu putzen. ◄

Komplettservice

Ein Magen voller Leckereien

AUCH INNEN WIRD GEPUTZT

Flusspferde sind Pflanzenfresser und mögen nur Grünzeug. Das ist manchmal allerdings schwer verdaulich. Deshalb leben im Magen eines Flusspferds kleine Helfer, Mikroorganismen, die sogar sehr grobe und faserige Pflanzen zersetzen können. ▲

WASSERSTAUBSAUGER

Ein **karpfenähnlicher** Fisch hängt sich mit seinen fleischigen Lippen an die Haut des Flusspferds und entfernt Algen, Parasiten und tote Hautzellen. Um weniger zugängliche Stellen kümmern sich andere Tierarten. Die hungrigen Fische jagen dem Flusspferd nach, als wäre es ein Filmstar! ▶

BLINDER PASSAGIER

Flusspferde nehmen häufig noch andere Besucher mit, diesmal jedoch sehr unliebsame – Blutegel, die sich auf Flusspferde spezialisiert haben. ▶

BIENEN & PFLANZEN

NEKTARTRINKER

Es gibt nichts Schöneres als einen blühenden Garten, in dem berauschende Gerüche in der Luft liegen und das melodische Summen von Bienen zu hören ist. Pflanzen und Bestäuber gehören zusammen und können nicht ohneeinander leben. Bestäuber tragen Pollen von einer Pflanze zur nächsten und bestäuben sie auf diese Weise. Zum Dank bekommen sie Pollen oder Nektar.

Der Vorgang der Bestäubung

FLEISSIGE BESTÄUBER

Da es für Pflanzen nicht so einfach ist, sich zu einem Rendezvous mit einer anderen Pflanze zu treffen, sind sie auf die Hilfe von **Bestäubern** angewiesen. Egal, ob es sich dabei um Wasser, Wind oder Tiere handelt, das Hauptziel ist, Pollenteilchen von einer Pflanze zur nächsten zu bringen. Es gibt allerdings Pflanzen, die sich selbst bestäuben können. ◄

SCHICHTWECHSEL, JETZT ÜBERNEHME ICH.

LIEBESGEFLÜSTER

Auch Pflanzen müssen sich anstrengen, um für ihre Bestäuber attraktiv zu sein. Bienen mögen bunte Blüten mit süßlichem Duft und einer ordentlichen Landebahn. Käfer sind etwas unbeholfen, daher suchen sie große, offene Blüten, die stabil genug sind. ►

Die richtige Blume auswählen

INSEKTEN ALS BESTÄUBER

Diese fleißigen Arbeiter sind verschiedene **Käfer**, **Motten** und **Fliegen**. Fliegen legen ihre Eier in verwesende Tierkörper. Deshalb lassen sie sich auch so leicht von Blumen täuschen, die nach fauligem Fleisch riechen. Sie legen ihre Eier in die Blüten und bringen dadurch die Pollen von Pflanze zu Pflanze. ▶

VÖGEL ALS BESTÄUBER

Auch Vögel bestäuben Blumen, vor allem Blüten, die groß und bunt sind und viel Nektar enthalten. Zu diesen Bestäubern gehören **Kolibris**, **Honigfresser** und **Mistelfresser**. Diese Vögel haben einen langen, dünnen Schnabel, mit dem sie tief in die Blüten hineinreichen und den Nektar heraussaugen können. Der Kolibri kann währenddessen sogar in der Luft „stehen bleiben", indem er schnell mit den Flügeln schlägt. ▼

VIERBEINIGE BESTÄUBER

Der australische **Honigbeutler**, der Nektar aus Blüten saugt, gehört zu den bekanntesten Säugetier-Bestäubern. Auf Madagaskar lebt der **Schwarzweiße Vari**, der zur Gruppe der Lemuren zählt und damit einer der größten Bestäuber ist. ◀

AUGENBLICK, ES SCHMECKT SOOO GUT!

FLEDERMAUS-SPEZIALISTEN

Auch Fledermäuse sind in Sachen Bestäubung unterwegs, vor allem in den Tropen. Dazu benutzen sie ihre längliche Schnauze und ihre Zunge, die bis zu acht Zentimeter lang sein kann! Bananen- und Mangobäume zum Beispiel sind auf sie angewiesen. Damit sie Früchte bilden können, brauchen sie die mit Pollen bedeckten Schnauzen der Fledermäuse. ▶

ES GIBT MANGOS!

Bestäubung durch Fledermäuse

LIPPFISCHE & GROßE FISCHE

PUTZSTATION

Ist dir jemals in den Sinn gekommen, dass Fische, obwohl sie im Wasser leben, hin und wieder auch einmal duschen müssen? Dafür brauchen sie aber keine Seife, sondern einen Putztrupp! Die Fische müssen nur zu einer Putzstation schwimmen, sich in die Schlange stellen und warten, bis sie an der Reihe sind. Dort kümmern sich kleine Fische um sie, die die Oberfläche ihrer Körper, die Kiemen und die Mundhöhle von Parasiten befreien.

LIPPFISCHE

Lippfische betreiben ihre Putzstationen in Korallenriffen in Meeren auf der ganzen Welt. An Kunden mangelt es nicht: Lippfische sind in dieser Hinsicht einfach unersetzlich. Sie entfernen nicht nur Parasiten und Bakterien von der Haut ihrer Kunden, sondern auch beschädigte oder tote Hautzellen. ▶

PUTZ-
STATION

KUNDENGEWINNUNG

Die Konkurrenz schläft nicht und deshalb müssen sich die Putztruppen einiges einfallen lassen, um Kunden zu gewinnen. **Lippfische** nutzen ihre auffällige Farbgebung, um die Aufmerksamkeit potenzieller Kunden auf sich zu ziehen. Um das Geschäft zum Abschluss zu bringen, bewegen sie ihre Körper so, dass das Sonnenlicht auf sie fällt. **Garnelen** dagegen winken mit ihren Scheren und versuchen es hin und wieder sogar mit auffälligen Tänzen. ▶

Scharfe Zähne eines Barrakudas

EINEN MOMENT, BITTE

Vor den Putzstationen bilden sich lange Schlangen und alle müssen warten, genau wie in einer Arztpraxis. Das tun auch alle Fische brav – mit Ausnahme eines Raubfisches. Der **Barrakuda** kommt sofort dran und muss überhaupt nicht warten. Protest gibt es deshalb keinen, denn niemand möchte als gewöhnlicher Snack enden! ◀

GARNELEN —
DIE PUTZSPEZIALISTEN

Wenn das winzige Maul eines Fisches irgendwo nicht hinkommt, werden die Garnelen gerufen. Ihre langen, mit kleinen Scheren versehenen Beine sind das ideale Werkzeug, um bei Fischen abstehende Hautfetzen wegzuschneiden oder Essensreste zwischen ihren Zähnen herauszuziehen. ▲

FISCHPEDIKÜRE

Auch die Menschen sind auf Putzerfische aufmerksam geworden und nehmen ebenfalls deren Dienste in Anspruch. „Knabberfische" entfernen schnell und zuverlässig abgestorbene Haut von Menschenfüßen. ▶

BEIDE SEITEN
HABEN ETWAS DAVON

Und warum genau hat dieser Prozess Vorteile für beide Seiten? Die Fische sind hinterher blitzblank und die Putztruppe hat gut gegessen. Selbst Haie, Rochen, Kopffüßer und Meeresschildkröten kommen zu den Putzerfischen.

TRÜFFELN & BÄUME

UNTERIRDISCHE FREUNDE

Dir ist sicher schon aufgefallen, dass es im Wald viele unterschiedliche Pilze gibt. Aber du hast vielleicht nicht gewusst, dass Pilze überall in der Natur vorkommen und selbst unter der Erde wachsen. Wenn du in einem Wald spazieren gehst, trittst du praktisch bei jedem Schritt auf sie. Diese Pilze sind Fasern, die durch das Erdreich wachsen und sogenannte Myzelien bilden. Zwischen Pilzen und Baumwurzeln gibt es eine enge Verbindung, von der beide Organismen profitieren.

PILZDELIKATESSE

Trüffeln sind so etwas wie die Diamanten unter den Pilzen. Es gibt mehrere Arten davon. In Restaurants werden vor allem **schwarze** oder **weiße Trüffeln** verwendet. Die weißen Trüffeln sind am teuersten! Es gibt sogar Auktionen, auf denen sie versteigert werden. Je größer eine Trüffel ist, desto teurer ist sie. ▶

Weiße Trüffeln

Schwarze Trüffeln

NICHTS SCHMECKT BESSER ALS EINE FRISCH AUFGESCHNITTENE TRÜFFEL …

UNTER DER ERDE

Das Leben von Pflanzen findet zum größten Teil unter der Erde statt, bei den Wurzeln. Diese Wurzeln sind sehr nett zu verschiedenen Pilzarten und helfen ihnen, so wie gute Freunde das tun sollten. Grünpflanzen versorgen Pilze mit Nährstoffen, die sie aus der Fotosynthese gewinnen, während die Pilze Mineralien und Wasser bereitstellen. ▶

TRÜFFELN

Trüffeln sind Pilze, die man zwischen den Wurzeln vieler Bäume findet. Ihre sonderbar riechenden Früchte wachsen unter der Erde, wo sie von Schweinen oder speziell ausgebildeten Hunden erschnüffelt werden. Trüffeln gelten als Delikatesse, die weltweit von Gourmets geschätzt wird. ▲

HINWEISE FÜR PILZSAMMLER

Jeder erfahrene Pilzsammler weiß, unter welchen Bäumen die besten Köstlichkeiten zu finden sind. Das liegt daran, dass einige Pilzarten von bestimmten Bäumen abhängig sind und deshalb in ihrer Nähe wachsen. Trüffeln zum Beispiel fühlen sich unter Eichen am wohlsten. ▲

UNSICHTBARE KOMMUNIKATION

Myzelien und **Baumwurzeln** sind miteinander verbunden und schicken sich gegenseitig Signale. Sie warnen einander zum Beispiel vor schädlichen Stoffen und benutzen dasselbe Netzwerk, um Nährstoffe zu teilen. ▶

WIE GEHT'S DIR?

MIR GEHT'S GROBARTIG!

PILZE ALS HOLZSCHÄDLINGE

Einige Pilzarten haben jedoch überhaupt keine Vorteile für Bäume. Ganz im Gegenteil, die Bäume werden durch die Pilze geschädigt, weil diese ihnen notwendige Ressourcen rauben! Diese Pilze werden **Parasiten** genannt, dazu gehören zum Beispiel Porlinge. ◀

ANTILOPEN & PAVIANE

EIN WACHSAMES DUO

Während Antilopen friedlich grasen, sitzen überall um sie herum Paviane. Plötzlich werden die Tiere unruhig. Nähert sich ein Raubtier, das auf der Suche nach seinem Mittagessen ist? Schließlich wimmelt es in der Savanne nur so von Löwen, Hyänen und Leoparden. Daher ist es überlebenswichtig, immer und überall auf der Hut zu sein! Antilopen und Paviane haben ein kluges System entwickelt - sie leben zusammen, weil sie so besser vor Gefahren geschützt sind.

IMPALA

Warte, was ist denn da gerade vorbeigeflitzt? Eine schlanke, flinke Antilope, die so schnell springen kann, dass es fast aussieht, als würde sie an einem vorbeifliegen. Immer wenn eine Antilope einen Moment der Ruhe hat, verbringt sie ihn in der Gemeinschaft der Herde. ▲

PAVIAN

Wenn die Nacht anbricht, suchen Pavianherden Unterschlupf in Baumkronen. Tagsüber halten sie sich jedoch am Boden auf, wo sie nach Futter suchen und die Beziehung zu ihren Artgenossen verbessern, indem sie sich gegenseitig das Fell reinigen oder mit den Nasen berühren. ▶

TIERISCHE SUPERKRÄFTE

Antilopen und Paviane sind sozusagen Superhelden. Antilopen haben ein großartiges Gehör und können ihre langen Ohren in alle Richtungen drehen, während Paviane aufmerksam ihre Umgebung beobachten. Denn wo viele Augen sind, wird auch viel gesehen, und deshalb bleiben die Affen zusammen. ▼

IRGENDETWAS VERDÄCHTIGES?

AUCH MENSCHEN BRAUCHEN BESCHÜTZER

Menschen haben schnell erkannt, dass Tiere sie beschützen können. Zum Beispiel leben **Menschen** schon seit der Vorzeit mit **Hunden** zusammen. Warum auch nicht, wenn wir uns selbst heute noch vor Gefahren schützen wollen. Ein einziges Bellen genügt und schon wissen wir, dass etwas nicht stimmt. ▲

TIERISCHE KOMMUNIKATION

Paviane und Antilopen haben eine ausgefeilte Kommunikation. Sie verständigen sich durch verschiedene Laute oder Gerüche miteinander und im Falle der Paviane auch durch Gesten und Gesichtsausdrücke. Sie warnen sich gegenseitig vor einer drohenden Gefahr. Schließlich werden beide von denselben Raubtierarten gejagt. ▲

FRÜHWARNSYSTEM

Zebras und **Strauße** benutzen ein ähnliches System. Glaub bloß nicht, dass Strauße bei Gefahr den Kopf in den Sand stecken. Sie haben hervorragende Augen und können sehr weit sehen, wenn sie aufstehen und den Hals strecken. Deshalb können sie Löwen, die sich durch hohes Gras anschleichen, schon von Weitem entdecken. Strauße können zwar nicht fliegen, aber sie können sehr schnell rennen! ▲

CLOWNFISCHE & SEEANEMONEN

DER VERMIETER UND SEIN UNTERMIETER

Im Meer findet man wohl kein unterschiedlicheres Paar, denn niemand würde freiwillig mit einer giftigen Seeanemone zusammenwohnen. Clownfische und kleine Garnelen haben jedoch eine Möglichkeit gefunden, sich diesem Leben anzupassen. Sie werden nicht von „ihrer" Seeanemone angegriffen und sind vor Feinden geschützt!

KINDER,
ICH HABE EUCH EINEN
CLOWN FÜR DIE PARTY
MITGEBRACHT!

CLOWNFISCH

Dieser bunt gestreifte Fisch lebt in der Nähe von Korallenriffen und Seeanemonen. Seeanemonen und Clownfische können eine **symbiotische Beziehung** entwickeln, die für beide von Vorteil ist. Wenn ein Clownfisch in Gefahr gerät, während er sich außerhalb der Seeanemone aufhält, schwimmt er schnell wieder zwischen die Tentakel zurück. ◄

STECHENDE SEEANEMONEN

Seeanemonen sehen aus wie schöne, zarte Blumen, aber man darf sich von ihrem Äußeren nicht täuschen lassen: Sie sind gefährliche Räuber! Ihre Fangarme sind mit giftigen **Nesselzellen** besetzt, mit denen sie ihre Beute fangen. Die Tentakel sind mit Schleim überzogen, damit sie sich nicht gegenseitig stechen. ▼

TRAUTES HEIM,
GLÜCK ALLEIN

BRAUCHST
DU HILFE?

ANDERE UNTERMIETER

Seeanemonen haben auch noch andere Untermieter,
zum Beispiel **Garnelen**. Auch Garnelen sind immun
gegen die Nesselzellen. Sie entwickeln Schritt für Schritt
diese Immunität, indem sie sich an den Tentakeln reiben
und den Schleim fressen. Sobald beide Lebewesen sich
aneinander gewöhnt haben, helfen sie sich gegenseitig. ▲

VORTEILE DER LEBENSGEMEINSCHAFT

Diese Art der Koexistenz hat viele
Vorteile für die Garnelen – sie sind vor
gefährlichen Räubern geschützt und
finden beim Putzen der Seeanemone
ihr Futter. Einige Garnelen benutzen
die Seeanemonen sogar als Putzstation
für andere Fischkunden! ▶

JETZT SIND
WIR DRAN!

HARMONISCHE LEBENSGEMEINSCHAFT

Sobald die Clownfische eine
schützende Schleimschicht um
ihren Körper entwickelt haben,
steht einer harmonischen
Lebensgemeinschaft nichts
mehr im Weg. Die Seeanemone
beschützt die Clownfische und
diese wiederum kümmern sich
um sie. Die Clownfische putzen,
bringen den Müll raus und sorgen
für Futter. Und da die Fische sich
ständig bewegen, bekommt die
Seeanemone auch noch mehr
Sauerstoff. ◀

EINFAMILIENHAUS

Jeweils zwei erwachsene Clownfische
haben zusammen ein eigenes Haus:
eine **Seeanemone**. Das Paar muss
„seine" Seeanemone aber zuerst näher
kennenlernen. Dazu reibt es seinen
Körper an den Tentakeln, um ein
wenig von dem schützenden Schleim
abzubekommen. Die Seeanemone
beschützt nur ihre Untermieter, jeder
andere Fisch, den sie nicht kennt, wird
gestochen. ◀

Freunde fürs Leben

AMEISEN & BLATTLÄUSE

KLUGE BRÜTER

Du weißt sicher, dass Ameisen ausgesprochen fleißige Arbeiter sind. Aber woher nehmen sie die Energie dafür? Wenn du das nächste Mal in der freien Natur bist, schau dir mal eine Pflanze an, die ein bisschen verwelkt aussieht. Wenn du einen Blick auf die Unterseite der Blätter wirfst, siehst du vielleicht eine Reihe kleiner schwarzer oder grüner Insekten - das sind Blattläuse! Dank ihnen haben Ameisen die Energie, um unermüdlich zu arbeiten.

KINDERSPIEL, NICHT WAHR?

Gewichtheber

EMSIGE AMEISEN

Ameisen sind fleißige Tiere, die sich ihre Arbeit aufteilen, damit so viel wie möglich geschafft wird. Außerdem sind sie sehr stark und tragen Lasten, die manchmal viel schwerer als sie selbst sind! ◄

LECKER!

SÜßE BLATTLÄUSE

Blattläuse fallen über eine Pflanze her und saugen den zuckerhaltigen Saft aus ihr heraus, was dazu führt, dass die Pflanze verwelkt. Es ist so viel Saft, dass die Blattläuse nicht alles aufessen können, daher sondern sie den Überschuss wieder ab. Kein Wunder, dass die Ameisen diese wandelnden Leckerbissen sofort bemerken! ▶

FEINSCHMECKER

Der von den Blattläusen ausgeschiedene süße Saft wird **Honigtau** genannt. Ameisen sind ganz versessen darauf. Honigtau macht fast die Hälfte ihrer Ernährung aus! Sie müssen nur zu einer Blattlaus marschieren und mit einem Fühler auf ihr Hinterteil klopfen: Schon ist die süße Delikatesse da! ▲

AMEISENPFLEGER

Ameisen schmeicheln sich bei den Blattläusen ein, um sich einen stetigen Nachschub an köstlichem Nektar zu sichern. Im Austausch suchen sie Futter für die Blattläuse und tragen sie in der Gegend herum. Einige Ameisenarten kümmern sich im Winter sogar um die **Blattlauseier**, die Blattlausbabys. ▼

Ameisen passen auf Blattlausbabys auf

PERSÖNLICHER LEIBWÄCHTER

Droht Gefahr, greifen Ameisen sofort ein. Sie beschützen die Blattläuse vor Feinden, die sie zum Abendessen fressen wollen. ▶

BITTE ZURÜCKTRETEN!

GEPUNKTETE GEFAHR

Marienkäfer sehen sehr niedlich aus, sind aber im Grunde genommen Räuber. Sie jagen Blattläuse und fressen sie für ihr Leben gern. Aber Ameisen lassen sich nicht so gern von ihren Blattlausfreunden trennen ... ▼

LAUFT UM EUER LEBEN!

PILZPFLÜCKER

Einige Arten tropischer Ameisen züchten in ihren unterirdischen Termitennestern Pilze. Diese sind die wichtigste Nahrungsquelle für die Ameisen, deshalb kümmern sie sich hingebungsvoll um die Pilze und verwöhnen sie richtiggehend! ▼

PANDAS & BAKTERIEN

ZUFRIEDENE ESSER

Pandas kennen wir als niedliche schwarz-weiße Pelzknäuel, die in Bambuswäldern leben und grüne Blätter fressen. Aber hast du gewusst, dass sich das Leben der Pandas ausschließlich um Futter dreht? Sie brauchen sogar andere, die sie dabei unterstützen. Diese Assistenten sind sehr klein, aber eine große Hilfe für die Pandas.

RIESENPANDA

Pandas, eine vom Aussterben bedrohte Art, sind Bären, die in China leben. Die Menschen versuchen, sie zu schützen und zu verwöhnen und dabei möglichst viel über sie zu lernen – du weißt es vielleicht nicht, aber Pandas sind ganz anders als gewöhnliche Bären! ◄

„Daumen" eines Pandas

DIE WELT DREHT SICH UM FUTTER

Ein Panda frisst den ganzen Tag. Damit das ein bisschen einfacher ist, hat er einen **sechsten Finger** an seiner Pfote, der wie ein Daumen aussieht. Damit kann er das Bambusrohr besser festhalten. ◄

NÜTZLICHE BAKTERIEN

Da die Verdauungsorgane eines Pandas nicht für eine pflanzliche Ernährung ausgelegt sind, helfen verschiedene **nützliche Bakterien** den Bären dabei, den Bambus zu verwerten. Diese kleinen Assistenten zerlegen zumindest einen Teil des Futters, das die Pandas fressen. ►

KANN ICH AUCH EINEN BISSEN HABEN?

ICH BIN MÜDE, ICH BRAUCHE ETWAS ZU FRESSEN.

FAULER ALS EIN FAULTIER

Da Bambus nicht besonders viele Nährstoffe enthält, haben Pandas gelernt, so viel Energie wie möglich zu sparen. Dafür gibt es zwei Methoden: Mehr als die Hälfte des Tages schlafen und den Rest der Zeit fressen. Wenn Pandas sich bewegen müssen, tun sie das sehr, seeehr langsam. Selbst ein Faultier ist schneller als sie! ▲

BÄR IST NICHT GLEICH BÄR

Bären fressen normalerweise Fleisch und Pflanzen. Pandas dagegen fressen nur **Bambus**. Sie können bis zu zwölf Kilo Bambus am Tag verputzen! Und obwohl sie seit Millionen Jahren Bambus fressen, ist ihr Verdauungssystem immer noch das gleiche wie bei anderen Bären. ▼

PANDAS SIND NICHT DIE EINZIGEN, DIE HILFE BRAUCHEN

Pandas sind nicht die Einzigen, die Bakterien in ihrem Magen haben, damit sie besser verdauen können. Bei Kühen, Pferden, Schafen, ja sogar Giraffen ist das ähnlich! ▲

Futter eines Pandas

Futter eines Bären

EINSIEDLERKREBSE & SEEANEMONEN

LEIBWÄCHTER AUF DEM RÜCKEN

Es gibt einen kleinen Krebs, der über den Meeresboden läuft und sich benimmt, als ob er dort der Chef wäre. Er trägt ein Schneckenhaus mit einer Seeanemone auf dem Rücken, deren Tentakel in der Strömung sanft hin und her schwanken. Wenn sich ein Feind nähert, wird dieser von der Anemone gestochen und ergreift die Flucht. Aber wie kommt die Anemone überhaupt auf das Schneckenhaus?

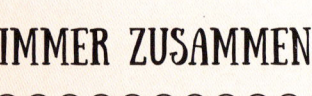
Einsiedlerkrebs ohne Schneckenhaus

EINSIEDLERKREBS

Diese Krebse haben einen weichen, verletzlichen Körper, der geschützt werden muss. Und deshalb suchen die Krebse nach abgelegten **Panzern** oder **Schneckenhäusern**, die sie als schützende Hülle benutzen. Sie schlüpfen in ihre neue Behausung und tragen diese auf ihrem Rücken mit sich herum! Das funktioniert sehr gut, wie eine Art Rüstung. ◀

IMMER ZUSAMMEN

Krebse wissen sehr genau, wie sie sich vor gefährlichen Feinden schützen können. Es ist ganz einfach – sie setzen eine **Seeanemone** auf ihren Panzer. Die Anemone ist ihr ganz persönlicher Boxer – jeder, der sich dem Schneckenhaus nähert, bekommt eine gescheuert! ▶

KOMM BLOSS NICHT WIEDER!

SEEANEMONE

Im Meer leben zahlreiche Arten von Seeanemonen. Einige von ihnen sind sehr groß, aber es gibt auch welche, die klein sind wie ein Daumen. Doch sie haben alle etwas gemeinsam – sie stechen, wenn man sie berührt, und das ist sehr schmerzhaft! ▲

Gegenseitige Pflege

FUTTER GEGEN SCHUTZ

Warum die Seeanemonen mit dieser Art des Zusammenlebens einverstanden sind? Der Grund ist ganz einfach – wenn sie den Krebs beschützen, bekommen sie zur Belohnung Futter. Alles, was der Krebs beim Fressen übrig lässt, bekommt die Anemone! ▲

AUF DER SUCHE NACH EINER NEUEN BEHAUSUNG

Wenn die Krebse größer werden, brauchen sie auch ein größeres Zuhause. Dann suchen sie sich ein leeres Schneckenhaus, probieren aus, ob es passt, und ziehen dann gleich ein. Aber der Leibwächter muss auch umziehen! Der Krebs benutzt seine Klauen, um die Anemone vorsichtig auf das neue Schneckenhaus zu setzen, und schon können die beiden weiter zusammenwohnen. ▶

WELCHES SOLL ICH NEHMEN?

ANPASSEN UND IMPROVISIEREN

Einsiedlerkrebse lassen sich in Aquarien halten. Außerdem sind sie sehr anpassungsfähig: Wenn sie kein richtiges Schneckenhaus finden, behelfen sie sich mit einem Stück Holz, einem Stein oder einer Koralle. Sie verschmähen nicht einmal **künstliche Schneckenhäuser**, beispielsweise aus Bausteinen! ◀

ES WAR 30 % BILLIGER!

HONIGDACHS & HONIGANZEIGER

SCHLAUE FEINSCHMECKER

Weißt du, warum die Namen dieser Tiere mit „Honig" anfangen? Weil Honig ihr Lieblingsfutter ist. Leider. Es ist nämlich nicht gerade einfach, Honig zu finden. Und deshalb haben sich diese zwei zusammengetan und suchen die Delikatesse gemeinsam. So stellen sie sicher, dass sie genug Honig zu fressen haben.

HONIGDACHS

Der Honigdachs ist ein afrikanischer Räuber, der wie ein Wiesel oder ein Dachs aussieht, nur größer. Aber lass dich nicht vom putzigen Äußeren eines Honigdachses täuschen! Er hat vor so gut wie nichts Angst und greift auch Tiere an, die viel größer sind als er. ◄

HONIGANZEIGER

Dieser winzige kleine Vogel lebt in Afrika und ist sehr schlau. Er ist einer der wenigen Vögel, die Bienenlarven fressen, auch wenn sich diese auf Bienenwachs befinden. Da der Schnabel des Honiganzeigers zu kurz ist, kann er die Bienenlarven allein nicht erreichen. Und deshalb hat er sich eine geniale Lösung einfallen lassen! ▶

DRAUFGÄNGER UND KRAFTPAKET

Draufgänger und Kraftpaket in einem – der **Honigdachs**! Er ist die mutigste Kreatur im ganzen Tierreich! Offenbar hat er überhaupt keinen Selbsterhaltungstrieb, denn er legt sich mit fast jedem an, sogar mit einem Rudel Löwen! ▶

LAUF LIEBER WEG!

GEHIRN UND KRAFT

Diese beiden Feinschmecker haben besondere Stärken, die sie brauchen, um Honig zu finden. Der Honigdachs ist der Starke und kümmert sich um die schwere Arbeit, während der Honiganzeiger das Gehirn der Operation ist und den Honigdachs zu der Leckerei führt. ▶

Die mutigste Kreatur der Welt

HAUT STATT PANZER

Muss der Honigdachs nicht befürchten, von den wütenden Bienen gestochen zu werden? Kein bisschen! Er ist nämlich gut gerüstet für einen Kampf – er hat eine **dicke Haut**, die wie ein Panzer funktioniert, dazu noch scharfe Krallen und einen starken Kiefer. ◀

HILFE, NICHT DER TYP!

GEMEINSAME SUCHE NACH SÜSSEM

Um den Honigdachs in die richtige Richtung zu führen, stößt der Honiganzeiger schrille Schreie aus und wippt mit dem Schwanz. Wenn die beiden beim Bienennest angekommen sind, bricht der Honigdachs mit seinen langen, scharfen Krallen das Nest auf, sodass beide die **Bienenlarven** und das **Bienenwachs** fressen können. ▶

FAULTIERE, ALGEN & MOTTEN

TARNUNG IN BAUMKRONEN

Du musst wirklich genau hinsehen, wenn du ein Faultier in seinem natürlichen Lebensraum entdecken willst. Es verbringt sein geruhsames Leben in Baumkronen und ist so gut getarnt, dass man es kaum von dem Grün in der Umgebung unterscheiden kann.

HA! FAST HÄTTEST DU MICH NICHT GEFUNDEN, SLIMMI'S?

Dreifinger-Faultier

WEIßKEHL-FAULTIER

Faultiere leben auf Bäumen und verbringen fast den ganzen Tag damit, an Ästen zu hängen. Ihre starken Krallen verhindern, dass sie herunterfallen. Ab und zu klettern sie nach unten auf den Boden, bleiben dort aber nie lange und hangeln sich sofort wieder nach oben. ◄

CLEVERE TARNUNG

Wenn ein Faultier in der Wildnis lebt, ist sein Fell mit **Algen** überzogen, sodass es graugrün aussieht. Das funktioniert dann wie ein Tarnumhang, der das Faultier zwischen den grünen Blättern verschwinden lässt! ►

FAST WIE NEU!

Meister der Tarnung

FAULTIERFELL

Der Körper eines Faultiers ist daran gewöhnt, immer nur nach unten zu hängen. Selbst das lange Fell wächst im Vergleich zu anderen Tieren in die entgegengesetzte Richtung; das sorgt dafür, dass das Regenwasser schneller abläuft. Und nach einem Wolkenbruch hat das Faultier dann ein blitzblankes Fell! ▲

Im Fell eines Faultiers leben Motten

WANDELNDER ZOO

Die Algen im Fell eines Faultiers ernähren sich von seinem Schweiß und seinen Hautzellen. Aber sie sind nicht die Einzigen, die zwischen diesen vielen Haaren leben! Das Fell ist auch Lebensraum für eine kleine **Motte**, die sich dort sehr wohlfühlt. ▲

IGITT!
ICH FRESSE KEINE
BLÄTTER.

IN BAUMKRONEN

Faultiere leben in großer Höhe, aber ab und zu klettern sie von ihrem Baum herunter. Der Grund dafür: Sie müssen aufs Klo. Sobald die Pfoten des Faultiers die Erde berühren, wird es gefährlich. Das liegt daran, dass sich ein Faultier am Boden nur schlecht bewegen kann – es sieht eher aus, als würde es kriechen. Und das macht es zur leichten Beute für Jaguare oder Harpyien. ▶

LANGSAMES FAULTIER

Faultiere bewegen sich nur sehr langsam und haben es nie eilig. Selbst ihre **Verdauung** lässt sich sehr viel Zeit und deshalb müssen sie auch nur alle zwei bis vier Wochen von ihrem Baum herunterklettern, um ihre Notdurft zu verrichten! Dafür gibt es aber einen guten Grund: Was sich nicht bewegt, können Feinde auch nicht sehen. Oben im Baum ist es am sichersten! ◀

WALHAIE & KLEINE FISCHE

EIN FISCH ALS LEIBWÄCHTER

Das Meer ist Lebensraum für viele verschiedene Kreaturen, manche von ihnen sind winzig, andere wiederum riesig. Manchmal trifft man die beiden Extreme sogar zusammen an! Dabei geht es dann nicht darum, dass ein großes Tier das kleinere fressen will. Ganz im Gegenteil - die Beziehung dieses sonderbaren Paars ist mehr als nur gut!

HAIE

Haie zählen zu den gefürchteten Meeresräubern. Sie sehen aus wie ein Torpedo mit einer großen Schwanzflosse. Hast du gewusst, dass ein **Hai** zu atmen aufhört, wenn er nicht mehr schwimmt, und dann ertrinkt? Deshalb ist er auch ständig in Bewegung, zusammen mit seinem Freund, dem Schiffshalter, der sich an den Körper des Hais heftet und sich von ihm durch den Ozean tragen lässt. ◢

HALLO, IHR
LIEBEN KLEINEN!

Spezielle Sauger

SAUGPLATTE

Wie schaffen es die **Schiffshalter**, sich an diese riesigen Kreaturen zu klammern? Sie heften sich mit einer speziellen Saugplatte an den Körper ihres Wirts und bleiben dann dort. ◄

SCHUTZ UND FUTTER

Schiffshalter beseitigen Hautunreinheiten ihrer Wirte und kümmern sich um deren Gesundheit. Als Gegenleistung für diesen Service werden sie von Haien und anderen Meeresgiganten beschützt und manchmal bekommen sie sogar Futter von ihnen, wenn etwas Leckeres aus deren Maul fällt. ▲

NEUER FREUND

Kein Hai oder Rochen in der Nähe? Das ist für den Schiffshalter kein Problem. Er verschmäht nichts, auch keinen **Taucher**. Schiffshalter brauchen nur ein Stück nackte Haut und schon saugen sie sich fest. Auch dann, wenn die Haut die Stirn eines Menschen ist! ▼

MEERESRÄUBER

Schiffshalter saugen sich auch gern an anderen großen Tieren fest, beispielsweise an Walen, Rochen oder Meeresschildkröten. Auf diese Weise sehen sie einiges von der Welt! ▲

GUTEN MORGEN, HERR HAI!

KLEINES GEFOLGE

Manche Meeresgiganten sind von einem Gefolge aus kleinen Fischen umgeben. Warum haben die Fische keine Angst vor diesen Kolossen? Es liegt daran, dass sie davon überzeugt sind, nicht aufgefressen zu werden. Die Fische kümmern sich um die Schwergewichte und werden dafür mit Futter und einer Mitfahrgelegenheit belohnt. ◄

KOJOTEN & SILBERDACHSE

JAGD-DUO

In den Prärien des amerikanischen Westens sieht man mit etwas Glück zwei ganz besondere Raubtiere. Auf den ersten Blick mag man es kaum glauben, aber wenn sich ein Kojote und ein Dachs zusammentun, sind sie äußerst erfolgreiche Jäger, die ihre Beute erbarmungslos verfolgen.

KOJOTE

Die zur Familie der Hunde gehörenden Kojoten gehen in der Abenddämmerung in kleinen Rudeln und manchmal auch allein auf die Jagd. Außerdem sind sie geübte Läufer und schneller als andere Wildhunde! Wenn sie die Gelegenheit haben, fressen Kojoten am liebsten kleine Nagetiere, die sich aber in ihren Löchern unter der Erde verstecken. ◄

WARTE AUF MICH!

SILBERDACHS

Der Silberdachs ist ein Räuber, der gern kleine Nagetiere frisst. Er ist ein hervorragender Gräber, der mit seinen kräftigen Krallen die Erde aufreißen kann. Schnell ist er auch noch! Da kommt kein Mensch mit einer Schaufel hinterher. ▼

BEVOR DU INS BETT GEHST, MÖCHTE ICH DIR NOCH EINE GESCHICHTE ÜBER KOJOTEN ERZÄHLEN …

Hervorragender Gräber

CLEVERES KERLCHEN

Bei den nordamerikanischen Ureinwohnern gilt der Kojote als **cleveres Kerlchen**. Er kommt in vielen Sagen vor, in denen er als einfallsreiche und schlaue Kreatur beschrieben wird. Und das stimmt auch! Kojoten haben sich nämlich ein System ausgedacht, das ihnen viele Vorteile bringt. ►

PRÄRIEHUND

Der **Präriehund** ist ein kleines Nagetier und wohnt mit seiner großen Familie in Löchern unter der Erde. Hast du gewusst, dass die unterirdischen Tunnel der Präriehunde miteinander verbunden sind und ganze Städte bilden? Um den Ausgang herum bauen die putzigen Nager kleine Erdwälle, die sie als Aussichtssturm benutzen. Antreten zum Wachestehen! ◄

PARTNERSCHAFT

Der Kojote hat einen hervorragenden Geruchssinn, mit dem er seine Beute aufspürt. Der Dachs dagegen kann mit seinen starken Vorderpfoten die Beute aus ihren Löchern holen. Deshalb sind die beiden auf die Idee gekommen, es als Team zu versuchen, und schon war das Jagd-Duo geboren. Und weil die beiden so gut zusammenarbeiten, frisst der Kojote den Dachs nicht auf. ►

DANKE, MEIN FREUND!

Ein eingespieltes Team

GEMEINSAM SIND WIR STÄRKER

Diese beiden schlauen Gesellen sind nicht die Einzigen, die wissen, dass man gemeinsam stärker ist. Auch andere Raubtiere, beispielsweise Löwen oder Wölfe, gehen in **Rudeln** auf die Jagd. Ihre Erfolgsquote ist ziemlich hoch ... ◄

KNALLKREBSE & GRUNDELN

UNTERWASSERBAGGER & WÄCHTER MIT FLOSSEN

Wer arbeitet denn da so fleißig am Meeresgrund? Oh, es ist ein Krebs, der in einen Tunnel hinein- und wieder hinausrennt und dabei Sand in seinen Scheren trägt. In seiner Nähe schwimmt ein Fisch, der sich nie weit von ihm entfernt. Dieses ungleiche Paar hilft sich gegenseitig.

Knallkrebs

UNTERWASSERBAGGER

Diese kleinen Krebse verbringen den ganzen Tag damit, im Sand zu buddeln, und sorgen so dafür, dass ihr Zuhause stets gepflegt ist. Die eine **Schere** des Krebses ist größer als die andere und kann ein Geräusch erzeugen, das so ähnlich klingt wie ein Schuss. So jagen die Krebse ihr Futter – sie betäuben ihre Opfer mit dem „Knall". Die Krebse sehen zwar ziemlich zäh aus, sind aber fast blind und brauchen einen Beschützer. ◄

GEMEINSAMER HAUSHALT

Der Krebs teilt sich den von ihm gegrabenen Tunnel mit dem Fisch. Da beide wollen, dass ihr Zuhause sauber und gemütlich ist, wird es vom Krebs geputzt, indem er fleißig Sand hinausträgt. ▶

ICH HABE ES GERN SAUBER UND GEMÜTLICH.

WAS IST DAS DENN?

SCHARFSICHTIGER WÄCHTER

Warum findet man diesen Fisch immer in der Nähe von Tunneln im Meeresboden? Er benutzt sein hervorragendes Sehvermögen, um Knallkrebse zu beschützen. Dazu beobachtet er die Umgebung, um herauszufinden, ob sich eine Gefahr nähert. ◄

GEFAHR

Immer wenn in der Nähe ihres Hauses etwas passiert, das auch nur im Entferntesten verdächtig ist, senden sich Fisch und Krebs ein bestimmtes **Signal**, das nur eines bedeutet: Sofort in Deckung! Dann verstecken sich die beiden in ihrem Tunnel. Wenn die Gefahr vorbei ist, schwimmt der Fisch hinaus, um nachzusehen, ob die Luft rein ist. Und erst dann krabbelt auch der Krebs heraus. ◄

WILLKOMMENE HILFE

Die Grundel steht in ständigem Kontakt mit dem Knallkrebs. Das scheint auf den ersten Blick ziemlich schwierig zu sein, denn der Krebs rennt ständig hin und her. Aber der Krebs berührt den Fisch die ganze Zeit mit seinen **Fühlern** – so kommunizieren die beiden miteinander. ▶

WEITERE VORTEILE

Und was bekommt der wachsame kleine Fisch zur Belohnung? Abgesehen von dem gemütlichen Zuhause teilt der Krebs auch das Futter mit seinem Hausgenossen, der Fisch bekommt alles, was übrig bleibt! ◄

Bis zum nächsten Mal!

FSC
www.fsc.org
RECYCLED
Paper made from recycled material
FSC® C117597

ISBN 978-3-7432-0047-0
1. Auflage 2018
erschienen unter dem Originaltitel *Unlikely Friendships in Nature*
© Designed by B4U Publishing, 2016,
member of Albatros Media Group
Text: Pavla Hanáčková
Umschlag- und Innenillustrationen: Linh Dao
Alle Rechte vorbehalten.
Für die deutschsprachige Ausgabe © 2018 Loewe Verlag GmbH, Bindlach
Aus dem Englischen übersetzt von Bea Reiter
Umschlaggestaltung: Ramona Karl
Printed in Czech Republic

www.loewe-verlag.de